BRITTA KIWIT · EMILY CLAIRE VÖLKER

Ach, das ist FAMILIE?!

Vielfalt, Zusammenleben
und Aufklärung

MIT TIPPS FÜR
ELTERN UND
BEZUGSPERSONEN

EMF

EIN BUCH DER
EDITION MICHAEL FISCHER

Inhaltsverzeichnis

Vorwort

Als ich im Jahr 2019 Mutter wurde, hab ich voller Vorfreude begonnen, Kinderbücher zu lesen. Schnell ist mir aufgefallen: Fast alle Bücher zeigen die gleiche Art von Familie – Mama, Papa, zwei Kinder, vielleicht ein Hund. Aber das ist nicht die ganze Welt, oder? Jedes Kind und jede Familie verdient es, sich in Kinderbüchern wiederzufinden.

Und um das ein Stück weit Realität werden zu lassen, ist dieses Kinderbuch über die Vielfalt von Familie entstanden. Auf jeder Doppelseite haben wir uns einem Kernthema gewidmet: Wer gehört eigentlich alles zur Familie? Wie wächst eine Familie? Was kann man tun, wenn es jemandem in der Familie nicht gut geht?

Mir ist klar, dass ich nicht stellvertretend für alle Familien da draußen sprechen kann. Also habe ich mit über 25 Familien gesprochen: mit Alleinerziehenden, mit Pflegeeltern, mit Adoptivkindern, mit Regenbogenfamilien und eine Wohngruppe besucht. Dieses Buch ist also ein Gemeinschaftsprojekt, entstanden in Zusammenarbeit mit meiner Community. Die vorgestellten Familien sind fast alle real und nicht einfach nur ausgedacht.

Für einen sensiblen Umgang mit den Themen hatte ich außerdem wertvolle Unterstützung von Familientherapeut*innen, Kinderpsycholog*innen, Psychotherapeut*innen und Sexualpädagog*innen. Sie standen mir mit Ratschlägen und Zitaten zur Seite, um dieses Buch nicht nur für Kinder, sondern auch für Eltern und Bezugspersonen fundiert und wertvoll zu gestalten.

Da Familie uns alle betrifft und wir alle Teil einer Familie sind, habe ich die Hinweise bewusst direkt an euch Leser*innen gerichtet. Sie können ein kleiner Einstieg sein, die Welt so zu sehen, wie sie sich entwickelt hat, und offen zu sein für alle Familien dieser Welt.

Britta Kiwit

Was ist Familie?

Familien sind so unterschiedlich wie Blumen auf einer Wiese oder wie Bauklötze in einer Kiste.

Eine Familie kann riesengroß oder auch ganz klein sein. Manche Familien bestehen aus zwei Personen, andere aus so vielen Menschen, dass sie kaum aufzuzählen sind.

Eines steht fest: Es gibt keine Schablone für Familien, und das ist auch gut so, damit jede Familie so sein kann, wie sie möchte.

Wer gehört alles zur Familie?

Manche Familienmitglieder sind schon von Geburt an in der Familie, andere sind erst später dazugekommen. Manche Familien leben zusammen oder wohnen ganz nah beieinander, andere sind überall auf der Welt verstreut.

Zu deiner Verwandtschaft können zum Beispiel deine Eltern, Großeltern, Geschwister, die Geschwister deiner Eltern und auch deren Kinder zählen. Das heißt aber nicht, dass du all diese Personen kennst. Vielleicht hast du sie noch nie gesehen, gar keinen Kontakt zu ihnen oder erinnerst dich nicht mehr an sie.

Es gibt auch Menschen, die für dich ein Teil deiner Familie sind, auch wenn du nicht mit ihnen verwandt bist. Sie sind besondere Bezugspersonen, die sich um dich kümmern und immer für dich da sind. Sie sind deine Wahlfamilie.

Es hilft, bereits früh mit Kindern über die Vielfalt von Familien und unterschiedliche Formen des Zusammenlebens zu sprechen. Durch ausgewählte Literatur und Medien, die die Welt so abbilden, wie sie ist, können sich viel mehr Menschen darin wiederfinden.

*Übersetzung: Woher soll ich das wissen?!

Wusstest du, dass …

bei den **Seepferdchen** die Männer die Babys austragen?

Wölfe im Rudel als Familien zusammenleben? Dabei leben die Kinder ganz lange mit ihren Eltern zusammen und gründen später ihre eigene Familie.

Bonobo-Affen in riesengroßen Familien zusammenleben und mehrere Partner*innen haben?

Elefanten nicht nur auf die eigenen Kinder aufpassen, sondern eine Art Kindergarten in der Herde haben?

Zwerg-Lippfische zunächst als Weibchen durch die Ozeane schwimmen und später im Leben Männchen sein können?

zwei **männliche Pinguine** zusammen ein Ei ausbrüten können?

Schwäne für immer zusammenbleiben, wenn sie sich gefunden haben?

Rundschwanzseekühe Waisenkinder genau wie ihre eigenen Babys umsorgen?

Eisbären und Tiger wiederum ganz alleine leben?

Du siehst:
Familien leben in ganz unterschiedlichen Zusammensetzungen zusammen.

Einzigartige Bauanleitungen

Wer zu einer Familie gehört und wer nicht, kannst du von außen nicht immer sehen. Denn wie wir aussehen, bestimmen unsere Gene.

Das sind winzig kleine Baupläne in deinem Körper, genau wie bei einem Roboter, den man zusammenbaut. Gene sind also wie eine Bauanleitung für unseren Körper. Und davon haben wir Menschen ungefähr 25.000 Stück – das ist eine Menge!

Vielleicht siehst du einem Elternteil total ähnlich. Dann habt ihr zum Beispiel eine ähnliche Nase oder beide Sommersprossen oder die gleiche Hautfarbe. Und manchmal ist es genau andersherum, und du fragst dich, warum du eigentlich Locken hast, obwohl der Rest der Familie glatte Haare hat.

Vielleicht siehst du aber auch anders aus, weil du und deine Eltern unterschiedliche Gene haben. Manche Familien teilen sich die gleichen Gene, weil sie blutsverwandt sind, also gleiche Vorfahren haben. Und manche nicht. Wie man aussieht, entscheidet die magische Bauanleitung in unserem Körper.

Kinder entdecken gerne Unterschiede und Gemeinsamkeiten. Wichtig ist dabei, dass beim Vergleichen keine Wertung entsteht. Am besten erklärt ihr, dass es beim Aussehen kein „besser" oder „schlechter" gibt. Es gibt kein zu groß oder zu klein, zu dick oder zu dünn.

Wie wohnen Familien?

Mit welchen Personen jemand zusammenwohnt, kann ganz unterschiedlich sein. Viele Kinder wohnen mit ihren Eltern zusammen. Andere leben getrennt von ihren Elternteilen bei anderen Bezugspersonen oder zum Beispiel in Wohngruppen. Komm, wir schauen uns mal an, wie folgende Familien wohnen.

Noemy und ihr Bruder Issa wohnen mit ihrem Papa zusammen in einer Wohnung. Die beiden Geschwister teilen sich ein Zimmer. Sonntags kommt Opa Yussef zum Frühstück vorbei und macht Pfannkuchen für alle.

Julius lebt zusammen mit seinen beiden Mamas direkt in der Wohnung darunter. Seit Kurzem stellt Katzenbaby Luna die Wohnung auf den Kopf. Am liebsten knabbert sie an Julius Socken, die schon Löcher haben.

Ganz oft wissen wir nicht, wer zusammen unter einem Dach wohnt. Anstatt zu mutmaßen und immer davon auszugehen, dass ein Kind mit Mama und Papa zusammenwohnt, kann man zum Beispiel fragen: „Wer holt dich heute ab?“, oder: „Mit wem wohnst du zusammen?“

Jori und Jens leben mit ihren neuen Stiefgeschwistern direkt nebenan in einem Haus mit Garten. Sie sind erst letztes Jahr mit ihrer Mama hier eingezogen, weil sie sich in den Papa von Amani und Dilan verliebt hat. Ein neues Baby ist auch unterwegs und wächst gerade noch in Mamas Bauch.

Die Zwillinge Luca und Lena leben mit ihrer Mama und ihrem Papa auf einem Hausboot. Das ist ein schwimmendes Haus auf dem Wasser. So können sie manchmal den Ort wechseln und umziehen, ohne vorher alles in Kisten zu packen. Ist das nicht praktisch?

Auf die Liebe!

Wenn zwei erwachsene Menschen sich lieben, haben sie die Möglichkeit, zu heiraten. Das heißt, dass sie sich versprechen, für immer füreinander da zu sein. Manchmal tauschen sie dann Ringe aus und machen eine große Party zusammen mit ihrer Familie und Freund*innen.

Um eine Familie zu sein, muss nicht geheiratet werden. Menschen können sich auch so versprechen, für immer füreinander da zu sein. Eine Beziehung ohne Hochzeit kann also auch das ganze Leben lang halten.

AUF DIE LIEBE!

Nicht überall können Menschen einfach so heiraten, wen sie lieben. Das kann unterschiedliche soziale, ethnische oder politische Gründe haben. In manchen Ländern gilt zum Beispiel immer noch das „Eheverbot für gleichgeschlechtliche Paare".

Patchwork-Familien

Wenn zwei Menschen sich neu ineinander verlieben, möchten sie oft ihr Leben miteinander teilen und manchmal auch zusammenwohnen. Dabei kommt es vor, dass eine oder beide Seiten weitere Kinder in die Familie bringen. Man spricht dann von einer Patchwork-Familie.

Die Kinder und Jugendlichen haben dann oft mehrere Familien, in denen sie sich zu Hause fühlen. Manchmal entstehen unter den Kindern neue Freundschaften. Bei anderen wiederum haben die Kinder weniger Kontakt zueinander oder kennen sich gar nicht richtig.

Es kann auch sein, dass es in einer Familie mehrere Kinder gibt, die nicht zwei, sondern ein gemeinsames Elternteil haben. Dann haben sie zum Beispiel die gleiche Mama, aber einen anderen Papa.

Und wenn ein Mensch mehr als eine Person liebt?

Manche Menschen lieben genau eine weitere Person und sind zu zweit in einer Beziehung. Und andere lieben mehrere Menschen gleichzeitig und möchten mit ihnen ihr Leben teilen. Das nennt sich Polyamorie.

In der Familie von Anica, Luna, Fee und Kim haben sich die Erwachsenen aus zwei Familien ineinander verliebt und beschlossen, eine Familie zu werden.
Sie sind also zu viert in einer Beziehung und leben in einer Poly-Großfamilie.

„Wenn Eltern mehr als nur ein Kind lieben, ist das für die Gesellschaft okay. Aber warum sollte das bei romantischer Liebe plötzlich anders sein? Bei uns in der Familie wird die Liebe nicht weniger, wenn man sie teilt. Liebe ist keine begrenzte Ressource."

Elena Barba, lebt in einer Polygroßfamilie

In der Polyamorie können Menschen eine romantische oder liebevolle Beziehung zu mehreren Menschen gleichzeitig haben, da die Bedürfnisse nach Liebe und Nähe bei jeder Person unterschiedlich sind.

Was sind Regenbogenfamilien?

In vielen Familien sind Menschen in einer Beziehung, die queer sind (ausgesprochen „quier"). Das ist Englisch und bedeutet, dass es ganz viele unterschiedliche Arten von Liebe gibt. Queere Menschen sind so unterschiedlich wie die Farben eines Regenbogens. Deshalb werden queere Familien oft Regenbogenfamilien genannt.

Queere Familien können so aussehen, dass zwei Frauen, zwei Männer oder mehrere Menschen in einer Beziehung sind. Dann hat ein Kind zum Beispiel zwei Papas oder mehrere Mamas.

Manchmal merken Elternteile erst später im Leben, dass sie queer sind. Dann war zum Beispiel bisher eine Frau mit einem Mann zusammen in einer Beziehung, verliebt sich dann aber später in eine Person, die kein Mann ist. In wen wir uns verlieben, entscheidet nämlich nicht der Kopf, sondern das Herz.

Wir sehen nicht allen Familien an, dass sie eine Regenbogenfamilie sind, weil wir nicht auf den ersten Blick sehen, wen eine Person liebt oder mit welchem Geschlecht sie sich identifiziert.

„Geschlechtsidentitäten sind so vielfältig und schön wie der Regenbogen. Auch nicht binäre und trans Menschen gab es schon immer. Denn das Geschlecht, mit dem sich eine Person identifiziert, kann anders sein als das Geschlecht, das bei der Geburt zugeordnet wurde."

Brix Schaumburg, Aktivist und trans Schauspieler

Marco ist trans. Seiner Familie wurde bei seiner Geburt gesagt, dass er ein Mädchen ist. Später hat er aber festgestellt, dass das gar nicht stimmt und er schon immer ein Junge war. Er lebt seitdem als Mann und hat sich später im Leben in Viola verliebt.

Wenn Familie wächst

Jedes Baby – auch du – ist in einem Bauch herangewachsen, genauer gesagt im Uterus eines Menschen. Manche sagen dazu auch Gebärmutter. Am Anfang warst du miniminiklein wie eine Himbeere und irgendwann so groß wie eine Wassermelone.

Für die Entstehung eines Babys braucht es drei Dinge: einen Uterus, also ein Körperteil, der ein bisschen so aussieht wie eine umgedrehte Birne und im Bauch einer Person ist, eine Eizelle, die wie eine kleine Sonne aussieht und auch im Körper eines Menschen wächst, und Sperma. Das ist die Flüssigkeit, die aus vielen Samenzellen besteht und aus dem Penis eines Menschen kommt.

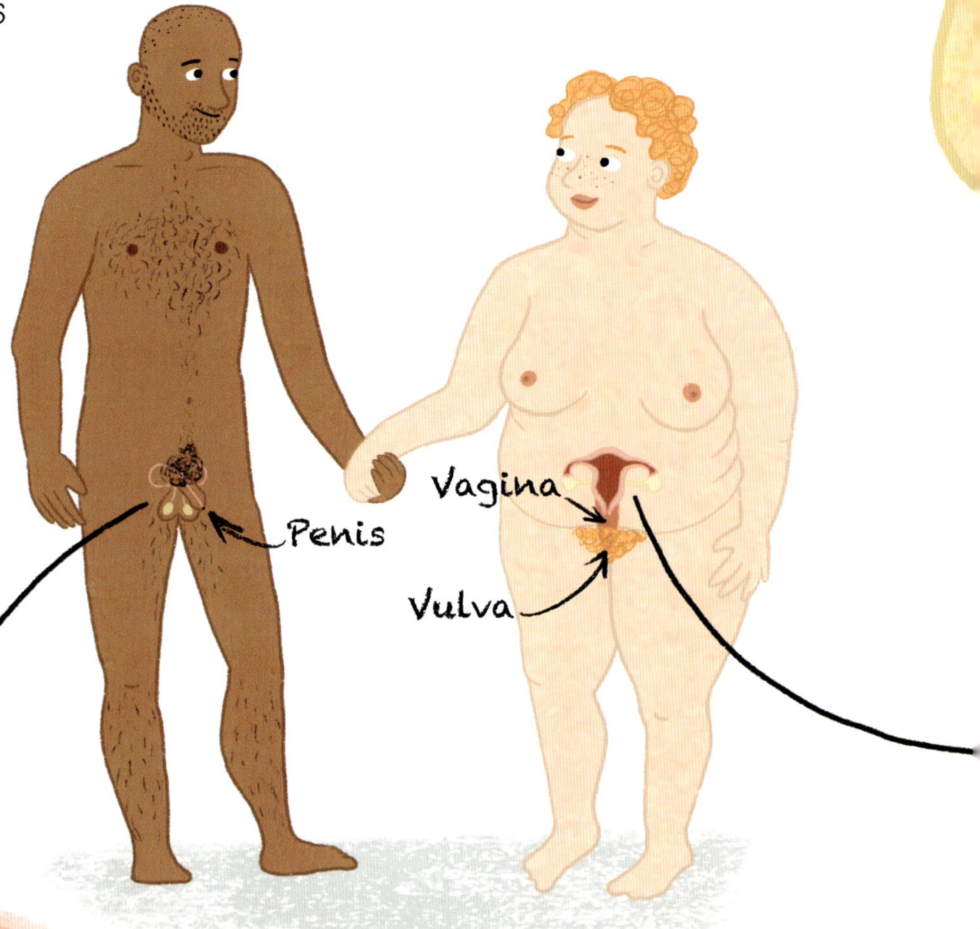

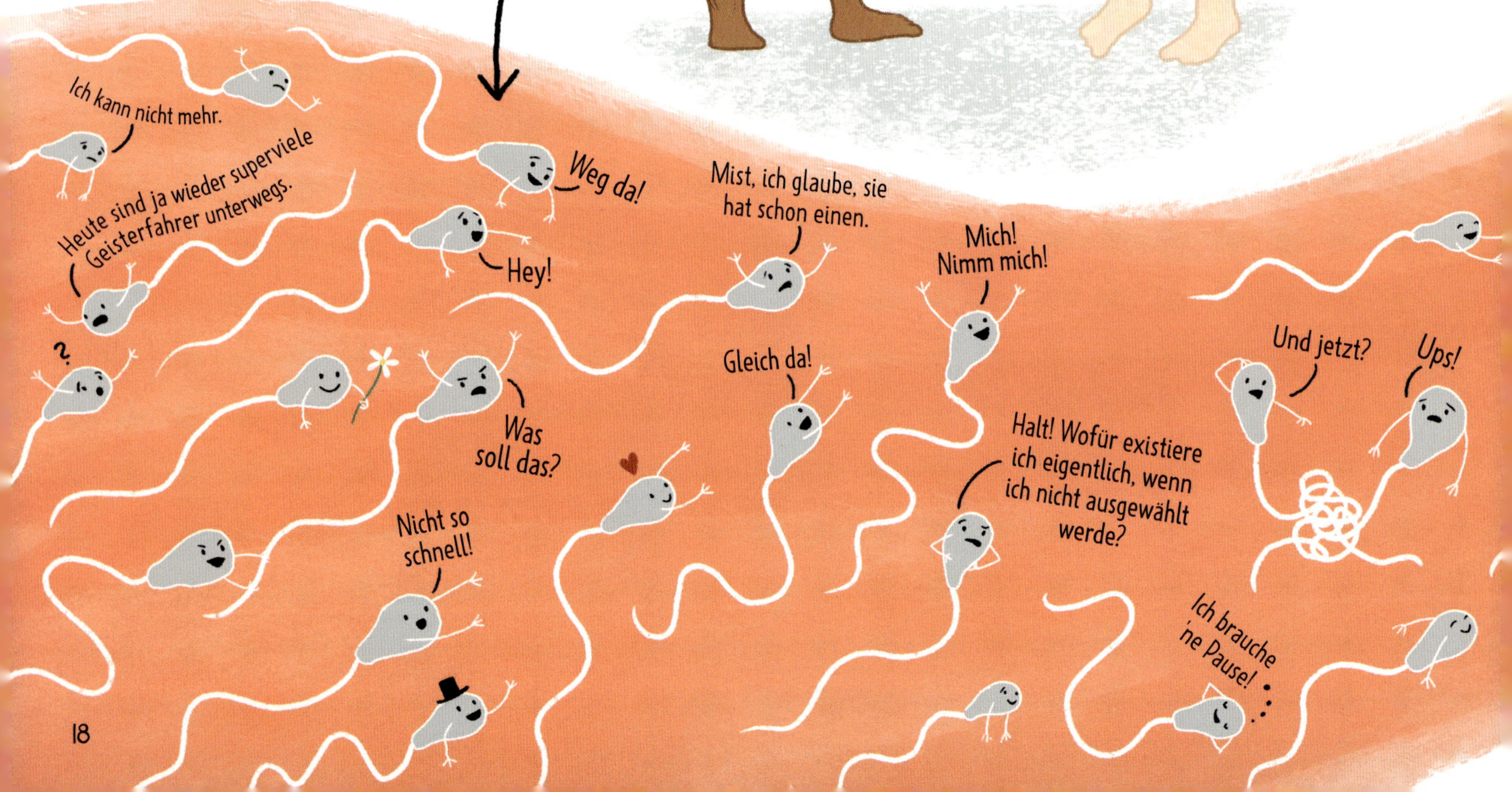

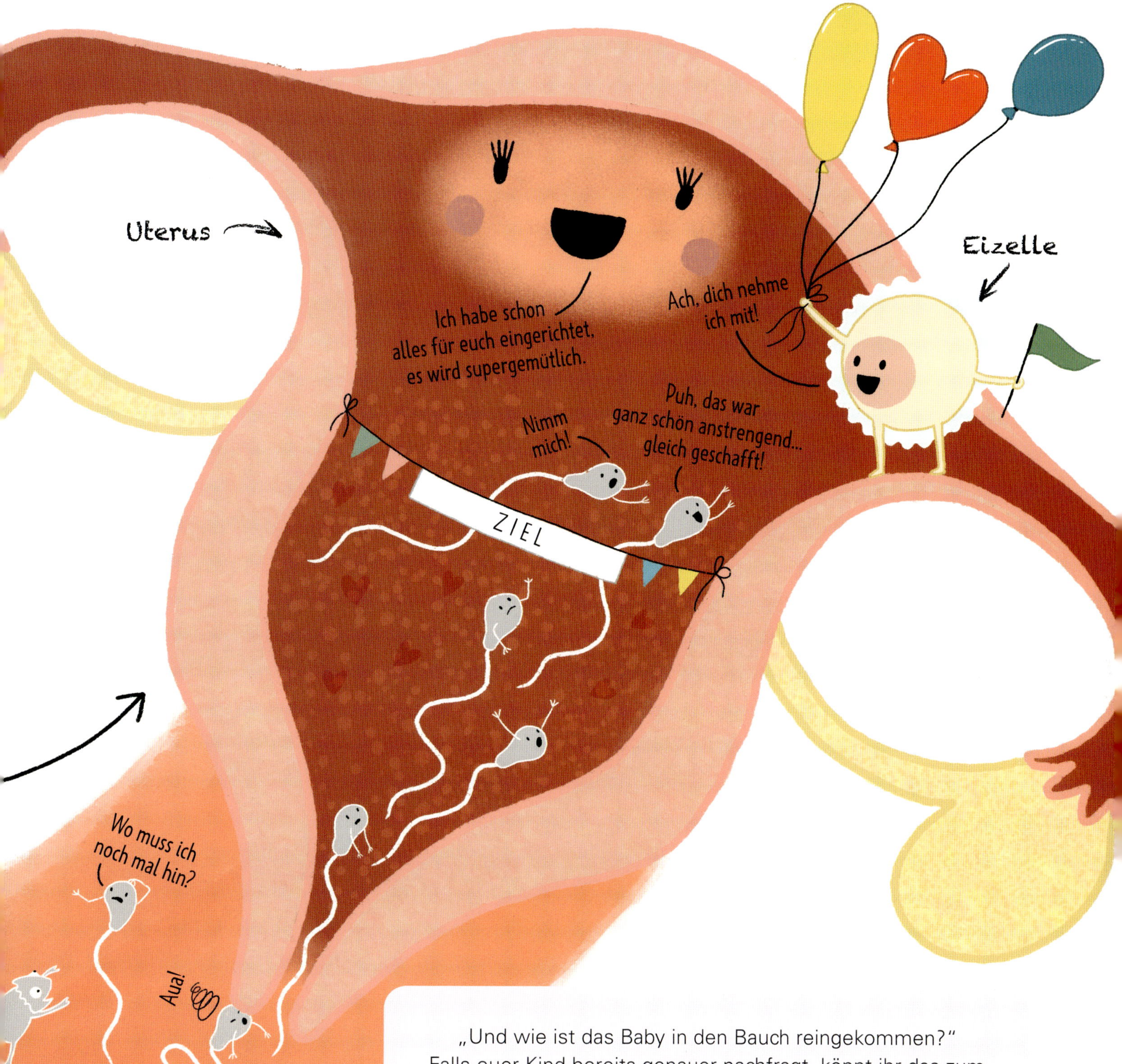

„Und wie ist das Baby in den Bauch reingekommen?" Falls euer Kind bereits genauer nachfragt, könnt ihr das zum Beispiel so erklären: „Die Vagina kann einen Penis aufnehmen, damit die Samenzellen aus dem Penis durch die Vagina in die Gebärmutter schwimmen können. Viele Erwachsene nennen das Sex. Wenn die Samenzellen dort auf die Eizelle treffen, dann kann ein Embryo oder später dann ein Baby entstehen, das dann in der Gebärmutter wächst. Manchmal können sogar zwei oder mehr Babys entstehen."

Magdalena Heinzl, Sexualpädagogin

Das Baby ist da!

Nach meistens neun Monaten ist das Baby ausgewachsen und möchte raus. Es gibt unterschiedliche Möglichkeiten, wie Babys auf die Welt kommen. Manche wünschen sich eine Hausgeburt. Andere Menschen gehen für die Geburt ins Geburtshaus oder ins Krankenhaus. Wichtig ist, dass dies jede gebärende Person selbst entscheidet.

Wenn ein Baby nicht durch die Vagina auf die Welt kommt, kann es auch durch eine Operation auf die Welt kommen. Das nennt sich Bauchgeburt oder auch Kaiserschnitt.

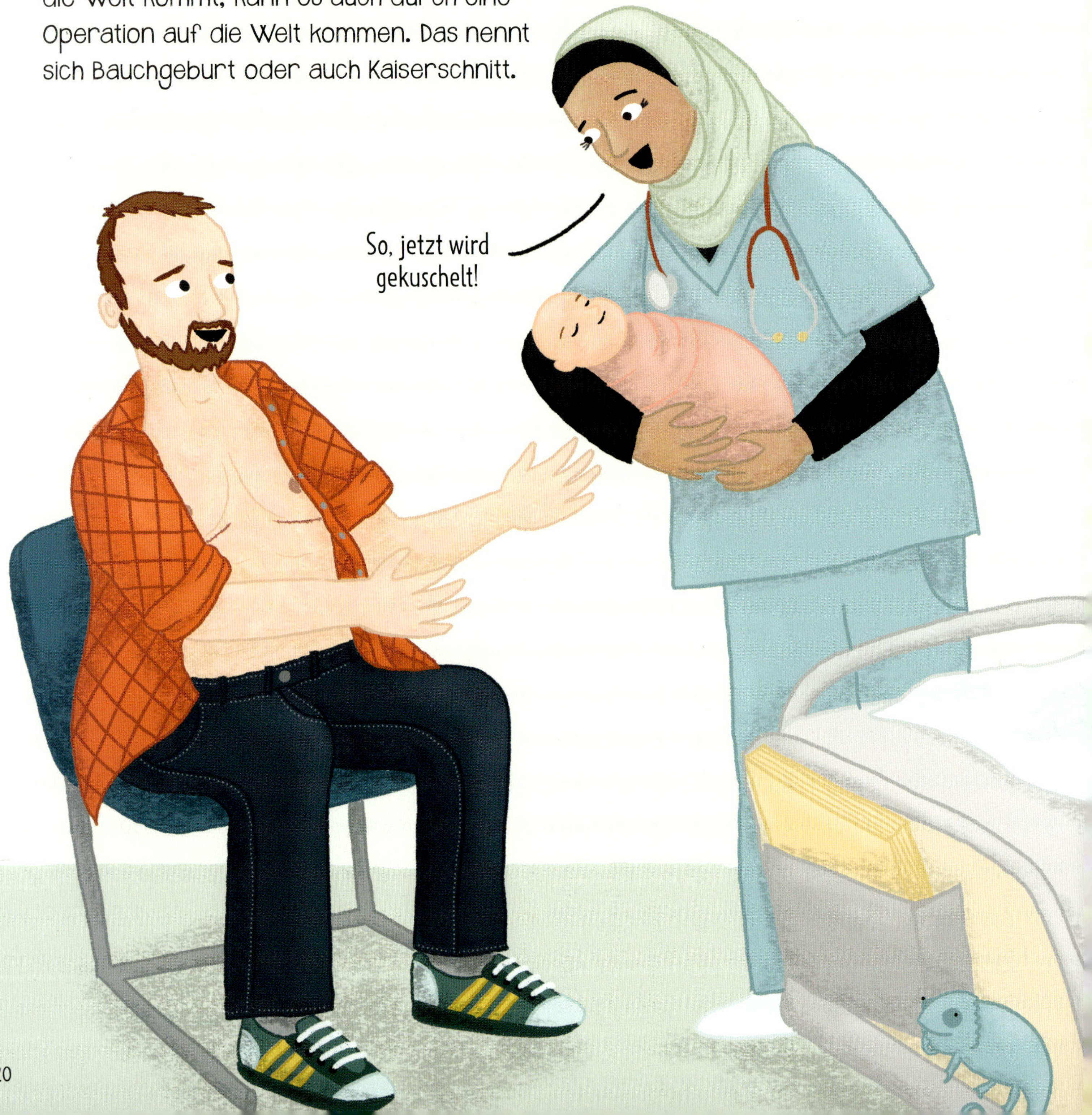

Für dich als großes Geschwisterkind kann das alles erst mal ziemlich aufregend sein. Jetzt ist da plötzlich ein neues Familienmitglied! Manches ist nun neu zu Hause, weil das Baby am Anfang noch bei fast allem Hilfe von den Erwachsenen braucht. Vielleicht liebst du das Baby direkt von Anfang an. Vielleicht ärgert oder nervt es dich aber auch. Das ist völlig okay, weil sich alle erst mal kennenlernen.

Ihr seid jetzt mehrere Kinder in der Familie, und du wirst noch genauso geliebt wie vorher. Denn die Liebe zu Kindern teilt sich nicht auf, sondern wird einfach immer mehr.

Viele Menschen stillen Säuglinge mit der Brust. Andere entscheiden sich aus unterschiedlichen Gründen dafür, die Brustmilch mit einer Maschine abzupumpen oder auch direkt von Anfang an Flaschennahrung anzubieten. Es gibt nicht den einen Weg und jede stillende Person muss für sich herausfinden, was für sie am besten ist.

Ein echtes Geschenk!

Es ist gar nicht so einfach, ein Baby zu machen. Manchmal kann das ganz viele Jahre dauern. Manchmal klappt das auch nie. Zum Glück gibt es mittlerweile immer mehr Möglichkeiten für Menschen, die sich ein Kind wünschen. Sie können zum Beispiel einen bestimmten Menschen nach einer Ei- oder Samenzelle fragen. Diese Menschen sind dann Spender*innen. Manchmal werden Ei- oder Samenzellen aber auch in einem besonderen Glas in einem Labor gemischt und dann danach durch ärztliches Fachpersonal wieder in den Uterus einer Person eingesetzt.

Das Thema Kinderwunsch ist kein Small-Talk-Thema. Manche Paare oder Einzelpersonen versuchen jahrelang, ein Kind zu bekommen. Am besten sprecht ihr eine Person nur auf die Babyplanung an, wenn ihr sie richtig gut kennt und wisst, dass es für sie in Ordnung ist.

Manchmal wünschen sich Menschen ein Baby, finden aber nicht zum richtigen Zeitpunkt Partner*innen, mit denen sie sich vorstellen können, eins großzuziehen. Dann können sie sich zum Beispiel mit einer künstlichen Befruchtung in einer Kinderwunschklinik helfen lassen. Kinder wachsen dann manchmal mit einem Elternteil auf.

Nicht alle Menschen möchten Kinder. Die Entscheidung kann jeder Mensch ganz alleine treffen, und Familien sind auch ohne Kinder vollkommen.

Nur weil eine Person einen Uterus hat, muss sie ihn nicht für ein Baby nutzen. Jede Person hat ganz unterschiedliche Gründe, sich für ein Leben mit oder ohne Kinder zu entscheiden.

Wenn Eltern sich trennen

Wenn zwei oder mehrere Menschen sich ineinander verlieben, sind sie erst mal glücklich und verbringen gerne Zeit miteinander. Es kann aber auch sein, dass diese beiden Menschen immer weniger Zeit miteinander verbringen wollen. Sie lieben sich nicht mehr so wie am Anfang.

Um wieder glücklich zu sein, können sie beschließen, getrennte Wege zu gehen. Sie entscheiden sich dann also für eine Trennung – und wenn sie verheiratet waren, für eine Scheidung.

Es kann viele unterschiedliche Gründe geben, wieso Eltern sich trennen. Diese Gründe haben etwas mit den Erwachsenen zu tun und gar nichts mit den Kindern.

Selbst wenn sich Menschen voneinander trennen, bleiben sie für immer die Eltern der Kinder! Vieles bleibt zu Hause gleich, aber manches ändert sich auch. Vielleicht wohnen deine Eltern nach der Trennung in zwei Wohnungen nah beieinander oder weiter voneinander entfernt. Alle Seiten werden Zeit brauchen, um sich an die neue Situation zu gewöhnen, da sich alles erst mal neu ordnen und finden muss.

Eine Trennung kann sehr traurig sein. Für manche Kinder ist es wiederum eine Erleichterung. Es kann dann helfen, über seine Gefühle zu sprechen. Egal, ob du lachen, weinen oder schreien möchtest, sprich mit Menschen, denen du vertraust, über deine Gedanken. Was wünschst du dir von deinen Eltern? Was bleibt trotz der Trennung gleich? Was wird vielleicht sogar besser?

„Jedes Kind erlebt eine Trennung anders und bewältigt sie individuell. Manche Aussagen können Kinder verunsichern, daher ist es wichtig, den Fokus nicht auf die Gründe für die Trennung zu legen, sondern auf die Frage, wie es jetzt weitergeht. Eltern, die vor einer Trennung oder Scheidung stehen, sollten versuchen, die Eltern-Ebene von der Paar-Ebene zu trennen. Es geht darum, trotz der Trennung als Eltern für das Kind da zu sein und es zu unterstützen."

Hilal Virit,
Kinder- und Jugendpsychotherapeutin

Ein-Eltern-Familien

In ganz vielen Familien leben Kinder nicht mit zwei oder mehreren, sondern mit einem Elternteil zusammen. Das Elternteil ist dann alleinerziehend. In Ein-Eltern-Familien gibt es vielleicht weniger Personen in einem Haushalt, aber genauso viel Liebe und Zusammenhalt.

„Es hilft nicht, sich mit Paareltern zu vergleichen und die eigene Familienform als mangelhaft zu bewerten. Stattdessen: Auf Schatzsuche gehen – auch gemeinsam mit den Kindern! Also: Welche Vorteile hat dieses Leben? Was machen wir als Ein-Eltern-Familie gerne, und wie können wir es uns in unserem neuen Zuhause so richtig gemütlich machen? Regelmäßige Freuden tun gut; zum Beispiel der Film-Freitag mit Popcorn!"

Anne Dittmann,
Autorin und Singlemutter

„Es gibt rund 2,2 Millionen Kinder unter 18 Jahren, die mit einem Elternteil aufwachsen. In knapp 9 von 10 Fällen ist dieser Elternteil die Mutter. Oft ist es ratsam, sich mit anderen Ein-Eltern-Familien zu vernetzten und auszutauschen."

Sara Buschmann,
Aktivistin und
alleinerziehende Mutter

Wechsel-, Wochenend- oder Nest-Modell?

Es gibt unterschiedliche Modelle, die eine Familie nach einer Trennung austüfteln kann.

Beim Wechsel-Modell wechseln die Kinder regelmäßig zwischen den Wohnungen der Eltern. Sie haben dann zwei Zuhause, genauso wie beim Wochenend-Modell: Hier fahren die Kinder manchmal am Wochenende zum anderen Elternteil. Manchmal ist die andere Wohnung dann ganz in der Nähe, und manchmal müssen sie erst in eine andere Stadt fahren, zum Beispiel mit dem Zug.

Beim Nest-Modell leben die Kinder immer in der gleichen Wohnung, und die Eltern wechseln sich damit ab, wer an welchen Tagen bei den Kindern in der Wohnung ist – wie bei einem richtigen Nest mit flauschigen Vogelbabys, bei denen die Eltern die gemeinsame Brutpflege übernehmen.

Wenn andere Bezugspersonen Familie werden

Es wird immer wieder Menschen in deinem Leben geben, die du in dein Herz schließt. Das kann die Nachbarin von nebenan sein, die abends auf dich aufpasst, wenn Mama arbeiten geht. Oder dein Patenonkel, der mit dir ein cooles Wochenende verbringt. So kommt es, dass diese Menschen zu deiner Familie werden, weil sie immer für dich da sind und du dich bei ihnen wohlfühlst.

Das (unwahre) Märchen von dem bösen Stiefelternteil

Es kommt vor, dass sich ein Elternteil nach einer Trennung oder Scheidung in eine neue Person verliebt und mit ihr in einer Beziehung lebt. Das nennt man einen Stiefelternteil.

Vielleicht ist dir schon einmal aufgefallen, dass in vielen Märchen vor allem die Stiefmütter als richtig gemein dargestellt werden. Zum Glück sind die alten Märchen nicht wahr, oder? Denn eine Stiefmutter oder ein Stiefvater kann eine weitere liebevolle Bezugsperson für dich werden.

Es gibt ein Sprichwort aus Nigeria, das heißt: „Es braucht ein Dorf, um ein Kind zu erziehen." Ein Kind braucht also nicht allein Eltern, sondern vor allem Menschen im Umfeld, die es unterstützen und lieben, genauso wie es ist.

Was sind Pflege- und Adoptivfamilien?

Manchmal können die Eltern nicht für ihr Kind da sein. Dann haben sie das Kind vielleicht auf die Welt gebracht und sind die Bauchеltern, können dem Kind aber gerade kein sicheres Zuhause bieten. Deshalb gibt es Pflege- und Adoptiveltern, die sich stattdessen um das Kind kümmern.

In einer Pflegefamilie kümmern sich Erwachsene für eine kurze oder längere Zeit um das Kind. Manchmal bleibt es auch für immer. Einige Kinder, die bei Pflege- oder Adoptiveltern leben, haben noch Kontakt zu ihren Baucheltern oder der Herkunftsfamilie. Sie sehen sich dann manchmal bei Besuchskontakten, aber nicht immer.

Es gibt auch Familien mit mehreren Pflege- oder Adoptivkindern. Sie wachsen dann wie Geschwister auf oder sind bereits miteinander verwandt.

Alvas Bauchmama Tove kann sich nicht um Alva kümmern. Deswegen ist sie zu ihren Pflegemamas Svea und Andrea gekommen.

In Adoptivfamilien kümmern sich Erwachsene um das Kind, bis es erwachsen ist. Ihr Wunsch ist es, Kinder für immer in ihre Familie aufzunehmen und ihnen ein neues Zuhause zu schenken. Dabei kommen manche Kinder direkt als Babys in die Familie.

„In unserer Gesellschaft herrscht noch wenig Verständnis dafür, dass Adoptiv- und Pflegekinder (auch als Babys) bereits mit gesammelten Lebenserfahrungen in ihre Pflege- und Adoptivfamilien kommen. Es sollte nicht darum gehen, Bauchelternteile und andere Verwandte zu ersetzen, sondern die Herkunftsfamilie des Kindes zu ergänzen. Mit genug Offenheit, Unterstützung und Verständnis füreinander kann der Kreis der Bezugspersonen vergrößert und sich besser um das Kind gekümmert werden."

Elli Mariyama Manneh, Aktivistin und Beraterin zu Antidiskriminierung, Intersektionalität und transkulturellen Adoptionen

Heute Abend ist Kinoabend

In einer Wohngruppe leben Kinder und Jugendliche aus ganz unterschiedlichen Familien zusammen. Dabei gibt es viele Formen von Wohngruppen: Manchmal leben alle in einem Haus mit mehreren Betreuer*innen zusammen, die für die Kinder und Jugendlichen da sind. In anderen Wohngruppen leben Kinder auch teilweise mit ihren Eltern zusammen, oder die Eltern dürfen am Wochenende dort übernachten.

Kinder in Wohngruppen haben zwar oft noch Elternteile, können aber nicht bei ihnen wohnen, weil es die Eltern aktuell nicht schaffen, sich gut um die Kinder zu kümmern. Dann bekommen die Elternteile Hilfe von Mitarbeitenden des Jugendamts. Sie unterstützen die Eltern dann, damit sich die Kinder bei ihnen zu Hause wieder wohlfühlen. Manchmal reicht diese Hilfe aber nicht aus.

Dann zieht das Kind zu Verwandten oder zu anderen Kindern und Jugendlichen in eine Wohngruppe. Es ist gut und wichtig, dass es diese Gruppen gibt. Denn hier haben sie ein neues gemeinsames Zuhause, besuchen die Kita oder Schule, treffen sich mit Freund*innen oder machen Filmabende zusammen – wie in anderen Familien auch.

Oft werden Kinder und Jugendliche im Alltag aus Wohngruppen unangenehm daran erinnert, dass ihre Familienkonstellation anders ist. Dabei wird negativ über Kinder, die im „Heim leben" gesprochen. Versucht stattdessen, von Wohngruppen zu sprechen und euch vor allem euer eigenes Bild zu machen. Und vielleicht gibt es auch in Kitas und Schulen irgendwann keinen „Elternabend" mehr, sondern eher einen „Klassenabend" oder „Schulsprechtag".

Ein neuer Ort

Manche Familien leben direkt beieinander, andere sind überall auf der Welt verstreut. Vielleicht sind deine Eltern nicht im gleichen Land geboren oder aufgewachsen. Dann habt ihr vielleicht Familie in weiteren Ländern und besucht sie manchmal. Oder ihr seid schon mal umgezogen und lebt deshalb weit von anderen Familienmitgliedern entfernt.

Ein Umzug bedeutet, dass du und deine Familie an einen neuen Ort ziehen. Das kann beispielsweise passieren, weil jemand in deiner Familie einen neuen Beruf anfängt. Oder ihr habt Verwandte an dem neuen Ort und möchtet lieber in der Nähe von ihnen wohnen. Ein Umzug ist immer sehr aufregend für alle. Aber auch wenn anfangs alles neu ist, vielleicht hast du dich schon bald an dein neues Zuhause gewöhnt.

Manche Familien leben hingegen in einem neuen Land, weil ihr Heimatland nicht mehr sicher ist. Sie konnten nicht umziehen und Kisten packen, sondern mussten fliehen und alles zurücklassen. Das ist sehr schwierig für sie, weil sie dann ganz von vorne anfangen müssen. Häufig werden Familien so auseinandergerissen und sehen sich lange nicht oder nie wieder.

*Ukrainisch: Auf Wiedersehen Oma!

Sprachen in einer Familie

Es gibt Familien, in denen nicht eine, sondern zwei oder sogar mehr Sprachen gesprochen werden. Auf der Welt gibt es nämlich ganz viele unterschiedliche Sprachen. Häufig sprechen die Kinder dann mit jedem Elternteil, den Großeltern oder anderen Verwandten und Freund*innen der Familie eine andere Sprache.

Nicht alle Familien sprechen mit dem Mund, sondern verständigen sich zum Beispiel mit unterschiedlichen Handbewegungen und besonderer Mimik und Gestik. Das ist beispielsweise der Fall, wenn jemand nicht oder nur ein bisschen hören kann. Diese Bewegungen nennt man Gebärden, und die Sprache heißt Gebärdensprache. Dabei gibt es weltweit ganz viele verschiedene Gebärdensprachen.

Mit den Händen kann nicht nur gesprochen, sondern auch gelesen werden. Menschen, die wenig oder gar nichts sehen können, lesen die Brailleschrift. Sie besteht aus Punkten, die mit den Fingerspitzen gefühlt werden. Vielleicht hast du die Punkte ja schon mal an einem Fahrstuhl gesehen?

Egal, wie Familien miteinander sprechen, die Sprache, die alles verbinden kann, ist die Liebe.

Wenn es jemandem in der Familie nicht gut geht

Es gibt Krankheiten, die man von außen gar nicht sieht, andere wiederum schon. Dann hat sich zum Beispiel jemand einen Arm gebrochen und braucht einen Gips.

Wenn der Körper sehr krank ist, gehen manche Familienmitglieder dann manchmal für eine längere Zeit ins Krankenhaus und können nicht zu Hause sein. Andere wiederum werden von der Familie zu Hause gepflegt.

Vielleicht ist die Krankheit aber auch im Kopf. Manche Menschen fühlen sich dann zum Beispiel traurig, ängstlich oder sind schlapp und wissen gar nicht warum. Wenn das traurige Gefühl nicht weggeht, holen sich viele Menschen Hilfe. Kinder oder erwachsene Personen haben dann die Möglichkeit, zur Therapie zu gehen. Hierbei sprechen sie mit einem Menschen, der ihnen hilft herauszufinden, warum es ihnen nicht gut geht. Und manchmal geht man dann auch längerfristig oder mehrfach in eine Klinik, damit einem dort geholfen werden kann.

Es ist wichtig zu wissen, dass es nicht die Schuld der Person ist, wenn sie sich nicht gut fühlt. Als Familie kann es helfen, viel miteinander zu sprechen und füreinander da zu sein.

Kinder spüren, wenn es wichtigen Bezugspersonen nicht gut geht. Sie wollen verstehen, was los ist, oder machen vielleicht auch extra viel Quatsch, um Aufmerksamkeit zu bekommen oder zu trösten. Erklärt euren Kindern, dass es nicht ihre Schuld ist, wenn eine Bezugsperson zum Beispiel an einer Krankheit wie einer Depression erkrankt ist.

Je offener in einer Familie über die Krankheit gesprochen wird, desto mehr Raum ist auch für Gefühle und für Fragen, die Kindern auf der Seele brennen.

In Erinnerung behalten

Menschen, Tiere oder Pflanzen: Alles, was lebt, wird irgendwann sterben. Das gehört zum Leben dazu.

Wenn ein Lebewesen stirbt, das dir wichtig ist, kann es sein, dass du erst mal sehr traurig bist, weil du die Person nicht mehr treffen kannst. Vielleicht kannst du dir nicht vorstellen, jemals wieder glücklich zu sein. Aber ganz langsam, Stückchen für Stückchen und Tag für Tag, wird es ein kleines bisschen besser werden.

Wenn man eine enge Bindung zu der verstorbenen Person hatte, kann es helfen, eine gemeinsame Erinnerungsbox zu basteln mit Gegenständen, die an den Menschen erinnern.

„Trauerfeiern werden in Kulturen unterschiedlich gestaltet. In Ghana kann das Betrauern zum Beispiel mit viel Tanz und Musik begleitet werden. Mit ganz vielen freien Emotionen und einem großen Fest wird der verstorbene Mensch von seinen Liebsten liebevoll verabschiedet."

Sandra Ashun, Sozialarbeiterin und ghanaisch-deutsche Mutter

Sternenkinder sind kurz vor oder nach der Geburt gestorben.

Gefühle wollen gelebt werden

In allen Familien gibt es mal gute und schlechte Tage. Wenn dann mehrere Menschen in einer Familie zusammenkommen, treffen auch ihre Gefühle aufeinander. Das kann schön sein, und man ist glücklich zusammen. Oder aber man ist wütend oder genervt voneinander. Manchmal sagt man vor Wut dann Dinge, die man gar nicht so meint und die andere verletzen. Wichtig ist es dann, einen Weg zu finden, wieder miteinander zu sprechen.

Kinder lernen erst noch, mit ihren Gefühlen umzugehen, und auch Erwachsene müssen immer mal wieder schauen, was ihnen guttut.

„Es gibt viele Familien, in denen ein behindertes Mitglied lebt und gepflegt wird. In diesen Familien gibt es gute und schlechte Tage wie in allen Familien, nur auf eine andere Art und Weise. Sie haben andere Herausforderungen, zum Beispiel hinsichtlich der Struktur im Alltag, aber sie haben genauso viel Liebe zwischen den Familienmitgliedern und auch genauso viel Spaß am Leben."

Anna Mendel, Aktivistin zum Thema Pflegende Elternschaft

Hast du schon herausgefunden, was dir am meisten hilft, wenn du wütend, traurig, ängstlich oder glücklich bist?

Kinder haben Rechte!

Überall auf der Welt gehören Kinder besonders geschützt. In einer Familie ist es wichtig, dass es besondere Regeln gibt, an die sich alle halten. Wenn du zum Beispiel nicht gekitzelt oder angefasst werden möchtest, dann müssen sich alle daran halten, denn es ist dein Körper. Deshalb gibt es extra für Kinder aufgeschriebene Rechte, die sie schützen sollen.

Familie ist da, wo Liebe ist

Familie hat ganz viele unterschiedliche Formen. Wen du im Herzen zu deiner Familie zählst, entscheidest du ganz alleine.

Familie ist, aufeinander aufzupassen.
Familie ist, sich zu kümmern.
Piep!
Manchmal nervt Familie auch.
Familie kann chaotisch sein.
Familie ist Liebe.
Was ist Familie für dich?
Familie ist Vertrauen und Zusammenhalt.

Glossar

Adoption: Adoption ist ein Prozess, bei dem Eltern ein Kind rechtlich und dauerhaft als ihr eigenes annehmen, auch wenn es biologisch nicht ihr eigenes ist.

Beziehungspersonen: Dieser Begriff bezieht sich auf Menschen, die in einer romantischen oder emotionalen Beziehung zueinander stehen.

Bonus-Papa und Bonus-Mama: Begriffe, die verwendet werden, wenn Elternteile in Patchwork-Familien neue Partner haben. Sie sind zusätzliche Bezugspersonen für die Kinder, die nicht biologisch verwandt sind.

In-vitro-Fertilisation (IvF): IvF ist eine medizinische Technik, bei der Eizellen außerhalb des Körpers befruchtet und dann in den Uterus eingeführt werden, um eine Schwangerschaft zu ermöglichen.

Leihmutterschaft: Leihmutterschaft ist eine Praxis, bei der eine gebährfähige Person ein Kind für eine andere Person austrägt. In Deutschland, Österreich und der Schweiz ist dies gesetzlich verboten.

Nicht binär: Adjektiv, mit dem sich eine Person nicht in das binäre Geschlechtersystem als männlich oder weiblich einordnet, sondern eine andere Geschlechtsidentität hat.

Onte: Nichtbinäre Selbstbezeichnung für Tante/Onkel.

Patchwork-Familie: Eine Patchwork-Familie entsteht, wenn Eltern, die zuvor in anderen Beziehungen waren, neue Partner*innen finden und zusammen mit ihren Kindern eine neue Familie bilden.

Poly-Familie: Eine Poly-Familie ist eine Familie, die aus mehr als zwei Erwachsenen besteht, die in romantischen oder emotionalen Beziehungen zueinander stehen und gemeinsam für Kinder sorgen.

Queer: Der Begriff „queer" (ausgesprochen „quier") wird oft als Oberbegriff für sexuelle Orientierungen und Geschlechtsidentitäten verwendet, die nicht dem traditionellen binären Geschlechts- und Sexualitätsmodell entsprechen.

Regenbogenfamilie: Sie besteht aus Kindern und ihren Eltern, von denen mindestens ein Elternteil lesbisch, schwul, bisexuell, transgeschlechtlich und/oder nicht binär ist.

Ruheforst: Ein Ruheforst ist ein Waldgebiet, in dem Urnen mit Asche von Verstorbenen beigesetzt werden können, um eine naturnahe Bestattung zu ermöglichen.

trans*: Adjektiv, bedeutet, dass sich eine Person nicht mit dem ihr bei der Geburt zugeschriebenen Geschlecht identifizieren kann. Der Stern wird oft hinzugefügt, um die Vielfalt der Geschlechtsidentitäten und -ausdrücke in der transgeschlechtlichen Community zu betonen.

Uterus/Gebärmutter: Der Uterus ist ein Hohlorgan, in dem sich im Falle einer Schwangerschaft ein befruchtetes Ei einnistet und zu einem Fötus heranwächst.

Hinter diesem QR-Code verbirgt sich ein Download mit weiterführenden Links und Literaturempfehlungen:

Autorin
Britta Kiwit

Illustratorin
Emily Claire Völker

Für meine eigene Familie und alle Familien. In jeglicher Konstellation.

Für mein stetig wachsendes anarchistisches Familienkollektiv sowie alle Satellitenfamilienmitglieder, Freunde und Nachbarn. Ohne Euch geht nichts!

Die Autorin dankt

Ein ganz besonderer Dank gilt den folgenden Expert*innen und Freund*innen – ohne euer Fachwissen wäre das Buch inhaltlich nicht so präzise geworden (@Instagram Account):

Elli Mariyama Manneh *(sie/ihr)* – Beraterin zu Antidiskriminierung, Intersektionalität und transkulturellen Adoptionen – @blackinwhitefamily

Magdalena Heinzl *(sie/ihr)* – Sexualpädagogin und Sexualtherapeutin – @sexologisch

Hilal Virit *(sie/ihr)* – Kinder- und Jugendlichenpsychotherapeutin – @psycho.logisch.hilal

Saskia Hödl *(sie/ihr)* – Journalistin und Kinderbuchautorin – @saskiahoedl

Brix Schaumburg *(er/ihn)* – Aktivist, Autor und trans Schauspieler – @treesoul

Regina Feldmann *(sie/ihr)* – Kinderbuchautorin – @reginafeldmann_autorin

Elena Barba *(sie/ihr)* – @happypolyfamily

Patrick Hormann *(er/ihn)* – @regenbogenpapa

Lynn Rüth *(sie/ihr)* – Psychologin

Sandra Ashun *(sie/ihr)* – Sozialarbeiterin – @simply.h.e.r

Chris *(er/ihn, xier/xiem)* und **Martin Schulte** *(er/ihn)* – Aktivisten & Regenbogenfamilie – @zweipapas

Anna Mendel *(sie/ihr)* – Autorin und Speakerin für das Thema Pflegende Elternschaft – @annamendel.official

Anne Dittmann *(sie/ihr)* – Journalistin, Autorin und Singlemutter – @anne_dittmann

Sara Buschmann *(sie/ihr)* – Aktivistin und alleinerziehende Mutter, Gründerin von solomuetter.de

und ein großer Dank an **Lena** *(sie/ihr)* und alle Kinder und Jugendlichen aus der Wohngruppe – danke, dass ich euch besuchen durfte.

IMPRESSUM

Bibliografische Information der Deutschen Bibliothek.

Die Deutsche Bibliothek verzeichnet diese Publikation in der Deutschen Nationalbibliografie.

Detaillierte bibliografische Daten sind im Internet über http://www.dnb.de/ abrufbar.

Bei Fragen zur Produktsicherheit wenden Sie sich an:
Edition Michael Fischer GmbH
Kistlerhofstr. 70
81379 München
kontakt@emf-verlag.de

EIN BUCH DER EDITION MICHAEL FISCHER

5. Auflage 2026

Text: Britta Kiwit

Illustration: Emily Claire Völker

Covergestaltung und Satz: Luca Feigs

Lektorat: Dagmar Hoppe

Sensitivity Reading: Elli Mariyama Manneh von DisCheck

DisCheck berät und unterstützt Unternehmen, Institutionen, Organisation und alle Menschen, die ihre Medieninhalte und interne Strukturen diskriminierungssensibler, intersektionaler und authentisch diverser gestalten möchten. Mehr Informationen unter: www.discheck.de

Copyright Foto Britta Kiwit: privat; Emily Claire Völker: Julian Kücklich

ISBN 978-3-7459-1285-2

www.emf-verlag.de